BEI GRIN MACHT SICH IHR WISSEN BEZAHLT

Bibliografische Information der Deutschen Nationalbibliothek:

Die Deutsche Bibliothek verzeichnet diese Publikation in der Deutschen National-
bibliografie; detaillierte bibliografische Daten sind im Internet über http://dnb.d-
nb.de/ abrufbar.

Impressum:

Copyright © 2011 GRIN Verlag, Open Publishing GmbH
Druck und Bindung: Books on Demand GmbH, Norderstedt Germany
ISBN: 9783668210707

Dieses Buch bei GRIN:

http://www.grin.com/de/e-book/321718/robert-nozick-und-arthur-schopenhauer-
zwei-ultraminimalstaatler-im

Anonym

Robert Nozick und Arthur Schopenhauer. Zwei „Ultraminimalstaatler" im Vergleich

GRIN Verlag

GRIN - Your knowledge has value

Der GRIN Verlag publiziert seit 1998 wissenschaftliche Arbeiten von Studenten, Hochschullehrern und anderen Akademikern als eBook und gedrucktes Buch. Die Verlagswebsite www.grin.com ist die ideale Plattform zur Veröffentlichung von Hausarbeiten, Abschlussarbeiten, wissenschaftlichen Aufsätzen, Dissertationen und Fachbüchern.

Besuchen Sie uns im Internet:

http://www.grin.com/

http://www.facebook.com/grincom

http://www.twitter.com/grin_com

Ernst-Moritz-Arndt-Universität Greifswald

Institut für Politikwissenschaft

Robert Nozick und Arthur Schopenhauer,

zwei „Ultraminimalstaatler"

im Vergleich

Hausarbeit

Für das Seminar

Einführung in die politische Theorie Robert Nozicks

WS 2010/11

Studiengang: BA, Politikwissenschaft/Geschichte

5. Fachsemester

Anzahl der Wörter: 7035

Inhaltsverzeichnis

Zusammenfassung/Abstract

Diese Arbeit beschäftigt sich mit der Frage, ob die beiden Philosophen Robert Nozick und Arthur Schopenhauer Berührungspunkte in ihren Ansichten aufweisen, wie ein Staat beschaffen sein sollte. Den Ausgangspunkt für die Untersuchung liefert hier das Schlüsselzitat von Gérard Bökenkamp, dass beide als Ultraminimalstaatler anzusehen sind. Bezug nehmend auf die Werke *Anarchie, Staat, Utopia* (1974) von Nozick und *Parerga und Paralipomena* (1851) von Schopenhauer wird diese Behauptung untersucht und die Ergebnisse in einem Vergleich dargestellt. Mit der Feststellung, dass sie durchaus als Ultraminimalstaatler anzusehen sind, sie aber verschiedene Ansichten über die Herleitung eines solchen vertreten enden die Ausführungen.

The seminar paper at hand: "Robert Nozick and Arthur Schopenhauer – Comparing two ultra minimal nationals" deals with the question if there are coincidences between the opinions of both philosophers concerning the constitution of a State. In addition Nozicks and Schopenhauers individual view of the appropriate criteria responsible for the formation and growth of a State will be highlighted. By the help of Gérard Bökenkamp's quotation that both are ultra minimal nationals, the answer will be given. The book from Nozick "*Anarchy, State and Utopia*" and the book of Schopenhauer "*Parerga und Paralipomena*" are the main sources used to answer the question. The conclusion is, that both philosophers are ultra minimal nationals but with different opinions regarding the special type of such an ultra minimal state.

1. Einleitung

Diese Arbeit beschäftigt sich mit den beiden Philosophen Robert Nozick (1939-2002) und Arthur Schopenhauer (1789-1860). Während der Erstgenannte amerikanische Referenztheoretiker des Libertarismus seine politischen Theorien gegen Ende der siebziger, Anfang der achtziger Jahre des 20. Jahrhunderts formulierte, verfasste der Zweitgenannte, deutsche Philosoph, seine großen philosophischen und literarischen Werke im 19. Jahrhundert und läutete mit ihnen das Ende der romantischen Aufklärung ein. Zwischen ihrem Wirken liegt nicht nur ein Jahrhundert, auch ihre philosophischen Verfahrensweisen sind sehr unterschiedlich. Nozick ist Empiriker und Rationalist und ist in erster Linie für seine politische Philosophie bekannt. Schopenhauer hingegen ist im subjektiven Idealismus verhaftet, einer Erkenntnistheorie, die im Gegensatz zum Realismus steht. Er ist vor allem für seine philosophischen Schriften über Ethik, Metaphysik und Ästhetik bekannt, weniger für eine praktische Philosophie, die Politik oder Staatlichkeit behandelt.

Gibt es in ihren, auf den ersten Blick so konträren Ansichten Gemeinsamkeiten oder Berührungspunkte? Wenn ja, wo sind diese zu verorten? Mit der Lösung dieser Fragen beschäftigt sich diese Arbeit und versucht beide Philosophen miteinander zu vergleichen. Als Schlüsselzitat zum Vergleich gilt die vom deutschen Politologen Gérard Bökenkamp aufgestellte These:

„Nach heutigen Kategorien war Schopenhauer Ultraminimalstaatler im Sinne von Robert Nozick („Anarchie, Staat, Utopia"). Hegels Staatsverehrung war ihm suspekt. Er war allerdings davon überzeugt, dass die Monarchie dem Menschen die einzig angemessene Staatsform biete. Der Staat war jedoch für Schopenhauer „bloße Schutzanstalt" gegen äußere und innere Angriffe: [...]." [1]

Anhand dieses Zitats sollen die Ähnlichkeiten der beiden Autoren aufgezeigt werden und in einen Vergleich, der von der These aufgestellten Behauptung (beide seien Ultraminimalstaatler), münden. Für den Vergleich sollen allerdings nur Nozicks Werk *Anarchie, Staat, Utopia* und Schopenhauers Buch *Parerga und Paralipomena* eine Rolle spielen.

In ihnen ist am deutlichsten die jeweilige Staatsauffassung nachzulesen und so eignen sie sich am besten zur Lösung der Fragestellung. Des Weiteren wird auch Sekundärliteratur zur Beantwortung herangezogen. Zur Beschäftigung mit Nozick kommen hier die Bücher von Kersting, Koller, Kley, Knoll und der Aufsatz von Niesen in Frage und für Schopen-

---

[1] zitiert nach: http://ef-magazin.de/2010/09/23/2563-hegels-grosser-antipode-arthur-schopenhauer--der-duestere-liberale, (Abfrage am: 04.02.2011).

4

hauer, da seine Ausführungen zum Staatsbegriff sehr knapp gefasst sind, unter anderem die Bücher von Korfmacher, Spierling und Zimmer.

Die methodische Herangehensweise, um zu befriedigenden Antworten auf die Fragen zu gelangen, leitet sich aus dem Inhaltsverzeichnis ab. Zuerst werden die beiden, oben genannten Hauptwerke (Kap.2 & 3) näher erläutert und der Standpunkt, welchen Nozick bzw. Schopenhauer in ihnen vertreten, kurz erklärt. Danach werden in den Unterkapiteln die Herausbildung des Staates (bei Nozick Kap.2.2 & 2.3) und bei Schopenhauer die Staatsauffassung (Kap. 3.2) dargestellt. Unabdingbar, um beide Schriftsteller miteinander vergleichen zu können, ist die unterschiedliche Denkweise über das Menschenbild. Hierfür stehen die beiden Kapitel 2.1 und 3.1. Während für Nozicks durchaus positives (im Sinne von Vernunft) Menschenbild Locke eine zentrale Position einnimmt, ist es für das pessimistische Menschenbild Schopenhauers Hobbes, der hier Pate steht. In Kapitel 4 wird nun die Analyse durchgeführt, d.h. beide Staatsansichten werden miteinander verglichen und Gemeinsamkeiten, aber auch Unterschiede herausgestellt. Dies ist der wichtigste Schritt, um die These von Bökenkamp auf ihren Wahrheitsgehalt hin zu überprüfen und sie als das Schlüsselzitat zum Vergleich beider Philosophen stehen zu lassen. Im Fazit werden schlussendlich die Resultate zusammengefasst und ein Ausblick auf mögliche Entwicklungen gegeben.

Diese Arbeit soll dabei keine Kritik an Nozicks bzw. Schopenhauers Ansichten üben, sie beschäftigt sich ausschließlich mit dem Vergleich und der Prüfung der These Bökenkamps.

2. Robert Nozicks „Anarchie, Staat, Utopia"
2.1 „Anarchie, Staat, Utopia"

Robert Nozick, der von 1965-1967 und von 1969-2002 an der Harvard University lehrte, formuliert 1974 in seinem Buch *Anarchie, Staat, Utopia* die bis heute noch maßgebliche Version des Libertarismus für die politische Philosophie. Abgesehen von einigen begleitenden Aufsätzen und anekdotischen Rückblicken, in denen er sich unter anderem auch von der früheren Position distanziert, besteht sein Beitrag zur politischen Theorie des 20. Jahrhunderts in diesem einen Buch. Danach wendet er sich vor allem Fragen der theoretischen Philosophie und der persönlichen Ethik zu (Niesen 2009: 75).

Nozicks Untersuchung in seinem Hauptwerk liegt die Frage nach der Rechtfertigung des Staates zugrunde. Diese Apologetik beinhaltet zum einen, weshalb ein Staat überhaupt legitim ist, zum anderen in welchem Ausmaß staatliche Macht akzeptiert werden kann.

Seine Vorgehensweise wird verständlich, wenn man zu Grunde legt, dass er verschiedene Gesellschaftsformen anhand eines eindimensionalen Kriteriums für vergleichbar hält. Den Extremfall bildet die Anarchie, also das Fehlen einer staatlichen Ordnung. Auf der anderen Seite steht ein totalitärer Staat, der generell jeden Aspekt des Lebens seiner Bürger bestimmen kann. Dazwischen lassen sich z.b. der Ultraminimalstaat, der Minimalstaat, der Wohlfahrtsstaat und der sozialistische Staat einordnen. Die zentrale These in *Anarchie, Staat, Utopia* lautet, dass ein Minimalstaat die einzige legitime Staatsform darstellt (Knoll 2008: 49). Der Beleg für die These wird erbracht, indem Nozick das Buch in drei Teile gliedert. Diese entsprechen in etwa den drei Titelstichwörtern des Buches Anarchie, Staat und Utopia. Während der erste Teil das Ziel hat dem Anarchisten (Adressat) einen Staat auf der Basis von rationalitätstheoretischen, moralischen und empirischen Argumenten als moralisch zulässig zu erklären, verfolgt der zweite Teil das Beweisziel, dass ein solcher Staat nur als „Minimalstaat" (Nachtwächterstaat) rechtmäßig sein kann. Er darf also seine staatlichen Zwangsmittel nicht für darüber hinausgehende Aufgaben einsetzen (Niesen 2009: 78). So ist z.b. für Nozick jede Umverteilungspolitik seitens des Staates ein Rechtsbruch und jede Besteuerung, die über das Maß des für die Finanzierung der staatlichen Schutzleistungen Erforderlichen hinausgeht, blanker Diebstahl (Kersting 1994: 393). Im dritten Teil skizziert er nicht eine bestimmte inhaltliche Utopie des Zusammenlebens, sondern untersucht, wie der Minimalstaat als ein Rahmen dienen kann, in dem sich verschiedene Gesellschaftsordnungen verwirklichen lassen (Niesen 2009: 78).

Nozick argumentiert weiterhin, dass es drei zentrale Grundrechte jedes Menschen gibt, welche vom Naturzustand an jedem menschlichen Individuum zustehen und die ein Staat auf keinen Fall in irgendeiner Form beschneiden darf, ohne ihn dafür zu entschädigen. Diese Anspruchstheorie der Gerechtigkeit, verpflichtet den Staat und jeden anderen Menschen das Leben, die Freiheit und das Eigentum anderer zu respektieren. Ein Staat der sich darauf beschränkt Leben, Freiheit und Eigentum der Bürger zu schützen, Verträge einhält und die Einwohner vor Bedrohungen von außen schützt, ist ein legitimer Staat und somit für Nozick moralisch gerechtfertigt. Dagegen lasse sich jeder weitergehende Staat, der die Rechte der Menschen notwendig verletzt, nicht rechtfertigen (Koller 1987: 136). Diese Grundrechte bilden sozusagen den moralischen Unterbau für Nozicks Staatskonzept.

Die zwei philosophischen Meinungsführer in dieser Auseinandersetzung, um die Grenzen der Wirksamkeit des Staates, sind John Rawls und Robert Nozick. Die Theorie von Rawls argumentiert, dass neben dem Rechtsstaatsprinzip auch noch ein Prinzip der sozialen Gerechtigkeit in einem Staat existieren muss. Er beruft sich also auf einen Wohlfahrtsstaat, welchen Nozick ablehnt, da er jegliche Umverteilung zu Lasten seiner Bürger als Eingriff in die natürlichen Rechte derer ansieht. Somit steht Nozick für eine vehemente Kritik an einem Sozialstaat und sein Buch *Anarchie, Staat, Utopia* ist die Antwort auf Rawls` drei Jahre früher (1971) erschienenen Werkes *Theorie der Gerechtigkeit*, in welchem er für den Sozialstaat argumentiert. Nozicks Ausführungen sind somit eine Reaktion und Kritik an Rawls` Ansichten zur Beschaffenheit von Staatlichkeit (Kersting 1994: 393). Zusammenfassend ist zu sagen, dass Nozick, mit seinem hier zu behandelnden Buch, den Minimalstaat nicht nur als ein dürftiges Konstrukt darstellt, sondern ihn im Gegenteil als Grundlage für ein gesellschaftliches System sieht, *„welche die utopieorientierte politische Ideengeschichte den besten denkbaren staatlichen Ordnungen auferlegt wissen sollte"* (Kley 1989: 82).

2.2 Naturzustand nach Locke und Nozicks Menschenbild

Ausgangspunkt von Nozicks Überlegungen ist die Frage, ob ein Staat, wenn es ihn nicht gäbe, überhaupt notwendig sei oder ob nicht der Zustand der Anarchie (Abwesenheit von Herrschaft) vorzuziehen sei. Er bedient sich hierbei der Idee des Naturzustandes, wie er von John Locke (1632- 1704), dem englischen Philosophen und Aufklärer, formuliert worden ist und übernimmt einen Großteil seiner Überlegungen.

In Lockes politisches Denken wirkt, wie in dem seines Antipoden Thomas Hobbes die Erfahrung des englischen Bürgerkrieges. Zwei Begründungen waren damals vordergründig. Die erste lautete, die Staatsgewalt, vor allem das Recht der Könige, ließen sich aus der göttlichen Ordnung ableiten, während die zweite besagte, dass Herrschaft nur legitim sei, wenn sie den Herrschern auf Grund eines Vertrages zwischen den späteren Bürgern übertragen worden sei. Hierbei handelt es sich um die so genannte „Sozialvertragslehre", die in dieser Zeit heftig diskutiert wurde. Locke beschäftigte sich deshalb mit dem Naturrecht. Diese Lehre galt zu seinen Zeiten als das wichtigste Instrument der Erkenntnis und befasst sich damit, wie eine gute und vernünftige Ordnung unter den Menschen aussehen müsse. Die Naturrechtslehre besagt, dass Menschen im Naturzustand eine, von Gott gegebene Richtschnur zum gerechten Umgang miteinander besaßen. Sie sind völlig frei und nur an das Naturrecht gebunden. Dieser Freiheit sind nur durch das Naturrecht Grenzen gesetzt. (Euchner 2007: 17/20).

Im Mittelpunkt von Lockes Beschreibung stehen bestimmte Individualrechte, um deretwillen die Menschen sich nichts antun dürfen. Kein Mensch hat die Befugnis, in Leben, Freiheit und Eigentum anderer einzugreifen (Kley 1989: 85). Diese Rechte eines Jeden bezeichnet Locke als Rechte erster Ordnung. Daneben existieren auch Rechte zweiter Ordnung, die der Durchsetzung der Rechte erster Ordnung dienen. Sie legen fest, welche Maßnahmen ohne vorherige Einwilligung der Mitmenschen berechtigt getroffen werden müssen, um sich vor drohenden Rechtsverletzungen zu schützen bzw. nach eingetretenen Rechtsverletzungen schadlos zu halten (Knoll 2008: 57). Diese Lockeanischen Rechte zweiter Ordnung begründen also ein Recht auf Privatjustiz. Danach darf jedes Individuum selbst naturrechtswidriges Verhalten bestrafen, Entschädigungen verlangen und eintreiben, wenn seine negativen Freiheitsrechte erster Ordnung verletzt wurden (Kersting 1994: 296).

Die private und persönliche Durchsetzung der Rechte im Naturzustand können jedoch zu endlosen Fehden führen, da es keine gängigen Verfahrensregelungen gibt, Streitigkeiten zu schlichten und zu beenden (Nozick 2006: 32/33).

Locke nimmt nun an, dass sich die Menschen angesichts dieser Unzulänglichkeiten des Naturzustandes einmütig einem Sozialvertrag unter der Ägide einer staatlichen Autorität fügen, welche die Rechte der Menschen schützt und sozialen Frieden herstellt (Koller 1987: 137). Nozick geht jedoch einen anderen Weg. Sein Staat ist unintendiert, d.h. niemand will ihn, da sein Naturzustand mit höchst staatsablehnenden Anarchisten bevölkert ist, denen er eine Staatsherausbildung vollkommen ohne Zwang zu erklären versucht. Ein Vertrag taucht in seiner Argumentation somit nicht auf, aber beide benutzen den Naturzustand als Hilfsmittel, um einen Staat zu legitimieren (Kersting 1994: 296/297).

Neben diesen Freiheitsrechten, den Rechten auf privaten Rechtschutz und einem Entschädigungsgrundsatz bei risikoreichen Tätigkeiten, ist es für Nozicks Argumentation unentbehrlich den Menschen eine bestimmte Motivation zu unterstellen. Dabei handeln die Menschen aus rationalem Selbstinteresse. Jeder strebt danach, seine Rechte möglichst ökonomisch zu schützen oder schützen zu lassen, d.h. das einzige Kriterium ist für ihn die ökonomische Rationalität, das Verhältnis von eigenem Aufwand und daraus resultierendem Schutz. Besondere Beweggründe, z.B. religiöser Art (wie bei Locke) klammert Nozick aus (Kley 1989: 93).

Mit dieser Motivationsannahme und der Vermutung Nozicks, die Bewohner würden sich in der Regel an das Naturrecht halten, ist seine Beschreibung des Naturzustandes vollständig und es ist nun möglich etwas über das Menschenbild Nozicks zu sagen. Nach den oben

8

ausgeführten Erläuterungen kann man davon ausgehen, dass Nozick ein materialistisch-utilitaristisches Menschenbild vertritt. Das Streben der Menschen gilt der Mehrung seines Nutzens und seiner Lust. Zum anderen stellt das Individuum im Naturzustand seine größte Gefährdung dar und schränkt sich selbst am meisten ein. Wenn man davon ausgehen würde, dass alle Menschen die natürlichen Grundrechte der Anderen achten würden, wäre die Welt eine durchaus positivere. Aber dies tun sie nicht und Nozick sieht die Möglichkeit von Übergriffen und Konflikten (Nozick 2006: 33). Daraus lässt sich durchaus ein negatives Menschenbild erahnen. Doch da sich die Menschen vernünftigerweise an die moralischen Einschränkungen halten und im Allgemeinen so handeln, wie sie sollen, wird diese Behauptung abgeschwächt. Sie wollen miteinander auskommen, allein schon aus rationalistischen Gesichtspunkten und sich von Vernunft beseelt einigen. Dies stellt für Nozick den besten denkbaren anarchistischen Naturzustand dar, dessen Annahme für ihn nicht hoffnungslos optimistisch ist (Nozick 2006: 25). Der Mensch ist für ihn nicht von Grund auf schlecht und somit kann hier durchaus von einem positiven Menschenbild, mit einigen Abstrichen, gesprochen werden.

2.3 Nozicks Staatsableitung- Vom Naturzustand zum Minimalstaat

Auf dem wohlwollenden Naturzustand nach dem Zuschnitt von Locke aufbauend, folgt nun für Nozick der nächste Schritt hin zu einem nicht intendierten Staat. Dabei stellt Nozick die These auf, dass sich eine staatliche Autorität auch ohne einen auf sie abzielenden Willensakt der Beteiligten aus dem Naturzustand entwickelt. Dieser Vorgang, der für ihn moralisch gerechtfertigt ist, da er ohne Zwang von statten geht, nennt er den „Vorgang der unsichtbaren Hand". Ohne dass die betreffenden Personen es wollen, entwickelt sich automatisch eine Art Staatlichkeit (Koller 1987: 138).

Angesichts der unsicheren Rechtslage und der doch nicht zu ignorierenden Instabilität im Naturzustand, schließen sich die Menschen zu Schutzvereinigungen zusammen und nehmen ihren Rechtsschutz gemeinsam wahr. Gründe hierfür könnten Gefühle der Gemeinschaftsverantwortung, Freundschaft oder Formen des Selbstinteresses wie Gegenseitigkeit und Bezahlung sein (Kley 1989: 94). In diesen losen Zusammenschlüssen schützen sich die Mitglieder im Kollektiv gegen Angriffe auf ihre Rechte und Besitztümer. Sie verfolgen gegebenenfalls auch solche Angriffe von anderen und bestrafen diese auch, wobei sich jeder ständig bereithalten müsse, jedem anderen Mitglied beizustehen. Hieraus erwachsen aber gravierende Mängel. Alle Mitglieder müssen sich ständig zur Schutztätigkeit bereithalten, denn jedes Mitglied kann allzeit behaupten in seinen Rechten verletzt worden zu sein. Eine weitere Schwierigkeit ist dem Umstand geschuldet, dass es kompliziert wird, wenn sich Mitglieder innerhalb derselben Schutzvereinigung streiten (Koller 1987: 138).

Um diese Nachteile zu beseitigen, kommt es zwangsläufig zu einer Arbeitsteilung. Es ist der Weg der Spezialisierung, Institutionalisierung und Professionalisierung. Hierbei werden hauptberuflich Leute angestellt, die die nötigen Schutzleistungen wahrnehmen und sie entwickeln verfahrenstechnische Regeln, welche Klagen und Beistandsansprüche überprüfbar machen sollen. Und wenn sich aus den einfachen Schutzorganisationen, diese professionalisierten Organisationen herausgebildet haben, wird es bald auch Rechtsschutzversicherer geben, die auf dem Markt Schutzpolicen gegen Geld anbieten. Diese Policen haben unterschiedliche Leistungshalte und können käuflich erworben werden. Immer mehr Menschen werden sich den besser strukturierten Schutzorganisationen anschließen und es entsteht ein Rechtsschutzmarkt, auf dem die verschiedenen Versicherungsunternehmen in Konkurrenz zueinander stehen und um die Gunst der Klienten streiten (Kersting 1994: 299). Zunächst wird es mehrere Schutzorganisationen im gleichen geographischen Gebiet geben, die miteinander rivalisieren. Irgendwann aber wird sich eine Schutzorganisation herauskristallisieren, welche die meisten Rechtskonflikte, nahe ihres geographischen Machtzentrums, gewinnt. Sie wird somit die meisten Klienten auf sich vereinigen können. Diese sich so herausbildende Vereinigung, mit Monopolcharakter, nennt Nozick „vorherrschende Schutzorganisation" (Koller 1987: 139).

Diese vorherrschende Schutzorganisation kann laut Nozick:

„[...] sich das Recht vorbehalten, jedes Rechtsverfahren zu überprüfen, das auf ihre Klienten angewendet werden soll. Sie kann ankündigen und danach handeln, daß sie jeden bestrafen werde, der auf einen ihrer Klienten ein verfahren anwendet, das sie unzuverlässig oder unfair findet. Sie werde jeden bestrafen, der auf einen ihrer Klienten ein Verfahren anwendet, das ihr bereits als unzulässig oder unfair bekannt sei, und sie werden ihren Klienten gegen die Anwendung eines solchen Verfahrens schützen."[2]

Kann nun aber diese marktbeherrschende Rechtsschutzfirma als Staat bezeichnet werden? Augenscheinlich fehlen ihr dazu noch Merkmale, wie sie für einen Staat unerlässlich sind. Damit ist sie trotz ihres faktische Gewaltmonopols und ihrer herausragenden Stellung innerhalb eines geographischen Gebiets noch kein Staat. Dazu fehlt ihr das legitime Gewaltmonopol, d.h. der moralisch begründete Anspruch, allein über die Anwendung von Gewalt zu entscheiden und Verstöße dagegen zu ahnden. Ein weiterer Punkt ist, dass sie

---

[2] zitiert nach: Nozick 2006: 143/144.

im Gegensatz zu einem Staat nicht allen Bewohnern ihres Machtbereiches den Rechtsschutz angedeihen lässt, sondern nur denen die Mitglied in der Schutzorganisation sind (Kley 1989: 96/97).

Doch wie kann sich die dominante Schutzorganisation gegenüber den Außenseitern verhalten? Jedem steht ja das Recht auf Selbstjustiz von Natur aus zu und gerade den Anarchisten, die ja eben jegliches staatliches Gewaltmonopol ablehnen, wäre es schwer die weitere Entwicklung, hin zu einem Staat, plausibel zu erklären. Also Nozick darf sein moralisches Ziel, so wenig Rechte der Individuen wie möglich zu verletzten, nicht aus den Augen verlieren. Das Recht der Außenseiter auf Selbstjustiz erlischt ja nicht mit der Entstehung einer Rechtsschutzmonopolorganisation (Kersting 1994: 303).

Nozick gibt die Lösung vor und argumentiert folgendermaßen:

„ Da die vorherrschende Schutzvereinigung ihre eigenen Verfahren als zuverlässig und fair ansieht und dies als allgemein bekannt voraussetzt, wird sie niemanden gestatten, sich gegen sie zur Wehr zu setzen; d.h. sie wird jeden bestrafen, der es tut. Die vorherrschende Organisation handelt ungehindert nach eigenem Ermessen, doch kein anderer kann das ungestraft tun. Obwohl die vorherrschende Organisation kein Monopol beansprucht, nimmt sie doch wegen ihrer Macht eine Sonderstellung ein." [3]

Die Organisation hat also ein de- facto Gewaltmonopol und damit erfüllt sie eine der für einen Staat wesentlichen Bedingungen. Dieses Monopol hat sie weder durch Rechtsanmaßung erhalten noch durch einen Vertragsschluss, sondern ohne Zwang durch einen Prozess der unsichtbaren Hand, welcher sich moralisch durchaus rechtfertigen lässt. Insofern die vorherrschende Schutzorganisation die Bedingung des Gewaltmonopols erfüllt, nennt Nozick sie „Ultraminimalstaat"(Kersting 1994: 305).

Sie verbietet den Außenseitern das Recht auf Privatjustiz gegen ihre Mitglieder und verhindert legitim und effektiv Gewaltanwendung gegen ihre Klienten durch Nicht- Klienten. Nozick rechtfertigt dies damit, dass Verfahren in denen Unabhängige ihr Recht ermitteln, unzuverlässig, nicht unparteilich und mit einem hohen Risiko, für diejenigen die sich ihm unterwerfen müssen, behaftet sind (Nozick 2006: 154).

Die vorherrschende Schutzorganisation wird damit aber noch nicht zum, von Nozick angestrebten, Minimalstaat. Sie erfüllt noch nicht die oben bereits erwähnte zweite Eigenschaft von Staatlichkeit. Wie kann sie diesen erreichen und die Außenseiter dazu bewegen sich in die Vereinigung zu integrieren? Nozick ist hier nun der Ansicht, dass die Nicht- Mitglieder für die Enteignung der Selbstjustizrechte eine Entschädigung bekommen würden. Dies ist

---

[3] zitiert nach: Nozick 2006: 153.

für Nozick keine von ihm abgelehnte Umverteilung von Mitteln, sondern eine bloße Wiedergutmachung (Niesen 2009: 80).

Nach diesem Entschädigungsgrundsatz muss die Schutzorganisation im Gegenzug den Außenseitern die Differenz der Nachteile aus dem Verbot und die Kosten, die ohne das Verbot des unzulässigen Verfahrens entstanden wären, ersetzen. Das kann so von statten gehen, dass ihnen eine Schutzpolice der vorherrschenden Schutzorganisation gewährt wird, wobei arme Außenseiter in der Höhe der billigsten Police zu entschädigen sind (Knoll 2008: 87).

Aus einem „Ultraminimalstaat" wird nun, unter Zuhilfenahme des Entschädigungsgrundsatzes ein „Minimalstaat", der die Rechte aller Bewohner schützt. Damit sind nun die legitimierenden Bedingungen, um auch einen Anarchisten in einen Minimalstaat zwingen zu dürfen, erfüllt. Zu ihnen gehört weder, dass der resultierende Staat ein liberaler Staat sein muss, noch eine Demokratie oder ein Staat mit einer autoritären Gesetzgebung (Niesen 2009: 80).

Diese Aussagen tätigt Nozick im dritten Teil seines Buches, in dem er der Idee eines Minimalstaates keinerlei Glanz und keinen Anlass zum Träumen gibt. Sein Entwurf eines Minimalstaates sei für Utopisten nicht erstrebenswert. Er stellt keine Utopie in dem Sinne dar, die sich dadurch auszeichnet, die beste aller möglichen Welten zu realisieren (Nozick 2006: 389). Nozick hält es weiterhin für unmöglich, die beste aller Welten für alle Menschen zu verwirklichen. Stattdessen entspricht seinem System der Utopie der Minimalstaat, der die Rahmenbedingungen festlegt und dessen Funktionsfähigkeit sich durchsetzt. Er lehnt es aber ab zu planen wohin sich diese Utopie entwickeln wird, denn mit der Einführung des Minimalstaates ist die Utopie noch nicht entstanden (Nozick 2006: 436). Damit steht Nozicks libertäre Utopie im Gegensatz zu anderen Utopietheorien, welche einen utopischen Endzustand anstreben. Seine Vorstellung basiert auf einem utopischen Prozess, nach dem Motto: der Weg ist das Ziel.

3. Arthur Schopenhauers „Parerga und Paralipomena"

3.1 „Parerga und Paralipomena"

Arthur Schopenhauer gehört zu den Klassikern der Philosophie. Er trug maßgeblich dazu bei, das traditionelle Menschenbild des Abendlandes zu revolutionieren und neue Horizonte des Fragens und des Forschens zu eröffnen. Er war tief in der europäischen Kultur des 17. und 18. Jahrhunderts verwurzelt. Mit den Literaturen Spaniens, Frankreichs, Englands und Italiens stand er auf vertrautem Fuß. Er wuchs in dem weltoffenen Milieu von Danzig und Hamburg auf, zwei damaligen freien Reichsstädten, mit einem selbstbewussten Bürgertum und Umschlagplätzen für Waren und Ideen. Für seine zweite Lebenshälfte wählte er Frankfurt/Main aus, eine ebenfalls freie Reichsstadt und Sitz des ersten deutschen Parlaments (Zimmer 2010: 10).

Schopenhauer sah sich zeitlebens als der Nachfolger Kants, der dessen philosophisches Vermächtnis am reinsten fortführte. Er ordnete sich selbst in die Traditionslinie der großen Systematiker Platon, Aristoteles, Descartes, Spinoza und natürlich Kants ein. Zum anderen gilt er auch als Mittler zwischen der westlichen und der östlichen Philosophie, indem er Gedanken aus der indischen Weltlehre mit dem westlichen Gedankengut verband. Seine Philosophie kontrastiert demnach mit dem gängigen Systemdenken der europäischen Philosophie. Sie ist hochgradig subjektiv, individuell und existentiell. In ihr versucht sich ein Individuum in philosophischen Begriffen über seine höchstpersönliche Existenz klarzuwerden und seiner ureigensten Betroffenheit von den Zumutungen der Welt (vor allem der eigenen Endlichkeit) Ausdruck zu geben (Birnbacher 2009: 9).

Weiterhin ist Schopenhauer bekannt als Philosoph des Pessimismus. Diese Ansicht gründet darauf, dass nach seiner Überzeugung der Ursprung und das Wesen der Welt nicht das Gute, sondern das Böse ist. Für den Hegelschen Gedanken, dass alles, was ist, vernünftig sei, hat er nur Hohn und Spott übrig. So gilt er Zeit seines Lebens als schärfster Kritiker und Antipode von Hegels Philosophie, mit dem er 1820 als Dozent an der Universität Berlin in Berührung kam (Korfmacher 1994: 7).

In Frankfurt/Main schrieb er auch die meisten seiner Werke, die alle dem Gedankenkreis des ersten Bandes der *Welt als Wille und Vorstellung* (1819) verpflichtet bleiben. Unter anderem auch *Parerga und Paralipomena* (1851, 2 Bände; kleine philosophische Schriften) (Spierling 2002: 11). Bei dem Werk *Parerga* (Nebenwerke) und *Paralipomena* (Nachgebildetes) handelt es sich teils um kurze bis mittellange, oft polemische Abhandlungen und teils um verstreute Aphorismen (philosophische Gedankensplitter), zu den ver-

13

schiedensten Themen. In Band II (*Paralipomena*) äußert sich Schopenhauer gut verständlich, leicht lesbar und bissig- pessimistisch, zu Themen wie: Selbstmord, Gelehrsamkeit und Gelehrte, Erziehung, Farbenlehre und auch zur Rechtslehre und Politik (Band II; Kap.9). Diese Schriften machten ihn berühmt und brachten ihm die lang ersehnte Anerkennung und Aufmerksamkeit (Weimer 1982: XI).

In *Parerga und Paralipomena* treibt Schopenhauer seinen Pessimismus auf die Spitze. In den *Aphorismen zur Lebensweisheit* (Band I; Kap.5) die in *Parerga und Paralipomena* enthalten sind schreibt er:

„Es ist wirklich die größte Verkehrtheit, diesen Schauplatz des Jammers in einen Lustort verwandeln zu wollen und, statt der möglichsten Schmerzlosigkeit, Genüsse und Freuden sich zum Ziele zu stecken; wie doch so Viele thun. Viel weniger irrt wer, mit zu finsterem Blicke, diese Welt als eine Hölle ansieht und demnach nur darauf bedacht ist, sich in derselben eine feuerfeste Stube zu verschaffen. Der Thor läuft den Genüssen des Lebens nach und sieht sich betrogen: der Weise vermeidet die Uebel.“ [4]

Schopenhauers Vorstellungswelt liegt der Wille zugrunde, den er als grund- und ziellosen blinden Drang versteht. Dieser Wille bestimmt alle Vorgänge der organischen und anorganischen Natur. Er objektiviert sich in der Erscheinungswelt als Wille zum Leben und zur Fortpflanzung. Diese Lehre vom „Primat des Willens" bildet die zentrale Idee der schopenhauerschen Philosophie. Willensfreiheit kennt Schopenhauer nur gemäß seiner These: *„Der Mensch kann zwar tun was er will, aber er kann nicht wollen, was er will“*. Jeglichem Handeln liegt immer und stets der Wille, d.h. „das Wollen" zu Grunde. Der Wille manifestiert sich in allen seinen Teilen gemäß dem Gesetz der Kausalität in der Welt (Zimmer 2010: 109- 117).

In dem Werk *Parerga und Paralipomena* macht Schopenhauer nun Ergänzungen und Ausführungen, zu seiner eben beschriebenen philosophischen Ansicht, welche sich zum größten Teil in seinem Werk *Welt als Wille und Vorstellung* nachlesen lässt.

3.2 Schopenhauers Menschenbild – Naturzustand nach Hobbes

Schopenhauers politische Philosophie steht in engster gedanklicher Verbindung mit dem pessimistischen Menschenbild, das noch stets die Rechtfertigung für konservative und reaktionäre Staatstheorien gab. Der Mensch ist für ihn im Grunde ein wildes und entsetzliches Tier, das es zu bändigen und zu zähmen gilt. Wenn einmal die Ketten der gesetzlichen Ordnung abfallen und Anarchie eintritt, zeigt sich was der Mensch ist (Korfmacher 1994:

---

[4] zitiert nach: Schopenhauer 1989: 433.

135). Das angebliche Vernunftwesen Mensch ist in Wahrheit ein Triebwesen, seine Rationalität schwimmt wie ein kleiner schwankender Kahn auf dem Ozean des Triebhaften, Irrationalen und Unbewussten. Für Schopenhauer entwickelt sich der Mensch, einschließlich seiner Vernunft, mitten aus dem Schoß der Natur. Er ist kein Wesen höherer Ordnung und keine Krone der Schöpfung. Menschliches Handeln folgt einer festgelegten Charakterstruktur, die die Handlungsmuster seines Lebens determiniert. Der jedem Menschen innewohnende Wille, ist nur an dem Erhalt seiner Gattung interessiert. Das Individuum gilt ihm nichts. Das menschliche Individuum ist ein Tier unter Tieren und damit Vollstrecker und Bejaher des Willens. Dazu gehört eine generelle Selbstbejahung, die sich in dem für alle Menschen charakteristischen Egoismus ausdrückt. Am stärksten und intensivsten äußert sich der Wille des Menschen in der Macht der sexuellen Bedürfnisse. Aber der Mensch ist zur Willensüberwindung fähig, d.h. er kann den Willen erkennen und aus der begriffenen Willensabhängigkeit Konsequenzen ziehen. Schopenhauers Ethik zeigt ihm zwei Wege auf. Der Erste ist das Mitleid mit anderen Kreaturen (auch Tieren) und der Zweite wesentlich Radikalere ist die Askese, also die Negierung des Willens und praktizierte Selbstverleugnung (Zimmer 2010: 117-123).

Damit vertritt Schopenhauer ein äußerst negatives Menschenbild. Da der Mensch von Natur aus schlecht ist, gilt es ihn vor sich selbst zu beschützen. Dies bringt seine Nähe zu dem englischen Staatstheoretiker und Philosophen Thomas Hobbes (1588-1679) zum Ausdruck.

Der gedankliche Ausgangspunkt, von dem Hobbes in seinem Werk *Leviathan* (1651) ausgeht, ist die Vorstellung eines Naturzustandes, die uns eine anarchistische Welt ohne Recht und Ordnung vor Augen führt. In dieser Welt habe zwar jedermann vollkommene Freiheit, zu tun und zu lassen, was er will, doch da es keine Ordnung gebe, die die Individuen in ihren Konflikten beschränkt, ist eine dauernde Auseinandersetzung um knappe Güter unvermeidlich. Es besteht ein beständiger Krieg, jeder gegen jeden. Um dieser Misere zu entkommen, sollten sich alle Menschen im Interesse ihrer eigenen Selbsterhaltung und ihres persönlichen Wohlergehens bereit erklären, einer wechselseitigen Einschränkung ihrer ursprünglichen Freiheit in dem Umfang zuzustimmen, in dem auch jeder andere bereit ist, auf seine Freiheit zu verzichten. Sie sollten alle eine Übereinkunft herbeiführen und sich einer staatlichen Autorität unterwerfen, die durch Zwangsgesetzte die Freiheit eines jeden gleich einschränkt und auf diese Weise den sozialen Frieden sichert. Die zentralen empirischen Annahmen auf die sich Hobbes dabei stützt, sind folgende: Jeder Mensch strebt vor allem nach seinem persönlichen, egoistischen Selbstinteresse und einem angenehmen Leben. Ein anarchistischer Zustand ungezügelter Freiheit hat gleiche fatale Konsequenzen für alle und nur eine absolute, unbegrenzte staatliche Autorität ist fähig, den sozialen Frieden zu sichern (Koller 1987: 18).

Weiterhin strebt der Mensch, laut Hobbes, ohne Unterlass nach Macht. Er hält daher ein fortwährendes und rastloses Verlangen nach immer neuer Macht für einen allgemeinen Trieb der gesamten Menschheit, welcher nur mit dem Tode endet. Auch sagt er, wird sich der Mensch häufiger als das Tier, dem kurzfristigen Nutzen, also dem tatsächlichen Übel zuneigen (Wergen 1984: 34-36).

Schopenhauer schreibt hierzu in *Parerga und Paralipomena* (Band II; Kap.9; § 126):

„ [...] Dies beruht darauf, daß von Natur aus, also ursprünglich, nicht das Recht, sondern die Gewalt auf Erden herrscht [...]"[5]

Recht bedeutet für ihn die Abwehr versuchten Unrechts. Recht und Unrecht gibt es schon im Naturzustand und das Naturrecht nennt Schopenhauer moralisches Recht. Die moralische Natur des Rechts beruht darauf, dass in jedem derselbe Wille sich objektiviert. Jeder hat das Recht, alles zu tun womit er keinem anderen schadet. Auch das Eigentumsrecht ist im Naturrecht zu verorten, aber soziale Ungerechtigkeit muss für ihn wohl oder übel als Form des allgemeinen Leidenscharakters menschlichen Daseins verstanden werden (Korfmacher 1994: 129).

Weiterhin schreibt Schopenhauer, dass er sich bei seinen Ansichten auf den niederländischen Philosophen Spinoza (1632-1677) beruft, welcher schreibt, dass ein jeder nur soviel Recht hat, als er Macht hat. Spinoza leitete, nach den Ansichten Schopenhauers diese Ansicht von Hobbes ab. Er übernimmt diese Auffassung über den Rechtsbegriff und die Position der Menschen im Naturzustand und baut sie in seine Philosophie ein (Schopenhauer 1989: 287).

Aus diesen Ausführungen lässt sich schließen, dass das Menschenbild von Schopenhauer viele Parallelen zu dem Bild der Menschen im Naturzustand von Hobbes aufweist. Der Unterschied zwischen ihren Ansichten besteht aber darin, dass die Konflikte und Auseinandersetzungen der Menschen im Hobbeseanischen Naturzustand keinem bösen Willen entspringen. Sie sind allein Früchte moralphilosophischer und politikphilosophischer Inkompetenz. Der Friede ist für ihn lehrbar und machbar, da er den Menschen nicht die gottgegebene Vernunft abspricht (Kersting 2002: 46).

---

[5] zitiert nach: Schopenhauer 1989: 294.

Der Mensch ist zwar für Hobbes des Menschen Wolf, aber er zeigt uns eine Lösung auf die sich weniger düster und lebensverneinend darstellt, als die von Schopenhauer. Aber trotz alledem weisen die Philosophien beider Denker ein negatives Menschenbild auf, wobei die von Schopenhauer, jene von Locke weit in ihren negativen Eigenheiten übertrifft.

3.3 Staatsauffassung Schopenhauers

Aus diesem negativen Menschenbild, lässt sich auch die Auffassung Schopenhauers zu seiner Ansicht ableiten, wie ein Staat beschaffen sein sollte. Wie oben ausgeführt, äußert er seine Gedanken hierzu im Kapitel 9, des zweiten Bandes von *Parerga und Paralipomena*.

Am ausführlichsten beschäftigen sich die Artikel 123, 124, 126, 127 und 128 mit seinem Politikverständnis.

Er schreibt, dass für ihn der Staat lediglich eine bloße Schutzanstalt gegen äußere Angriffe des Ganzen und innere Konflikte der Einzelnen untereinander ist. Die Notwendigkeit eines Staates beruht auf der Ungerechtigkeit des Menschengeschlechts, denn würde Gerechtigkeit herrschen, bedürfe es des staatlichen Schutzes nicht und niemand müsse sich vor der Beeinträchtigung seiner Rechte fürchten (Schopenhauer 1989: 286).

Der Egoismus des Einzelnen führt zu Auseinandersetzungen, aus denen sich die Erforderlichkeit des Staates herleitet. Der Staat bedeutet eine Übereinkunft, allen das Unrechtleiden zu ersparen, indem alle auf die Vorteile des Unrechttuns verzichten. Der Staat gibt die Mittel, das Recht durchzusetzen, aber er kann die Bürger nicht dazu bewegen, aus rein moralischen Gründen Recht zu tun. Also einziger Zweck des Staates ist der Schutz voreinander und nach Außen (Korfmacher 1994: 132).

Das Volk sieht Schopenhauer als ewig unmündigen Souverän, welches unter bleibender Vormundschaft stehen muss, da es wie alle Unmündigen Gefahr läuft von einem hinterlistigen Gauner oder Demagogen hinters Licht geführt zu werden. Dabei bezeichnet er die ersten Alleinherrscher als Fürsten, die glückliche Soldaten waren und durch Kriegsgeschick die Vormundschaft über das Volk erlangen konnten:

„Demnach sagt der Fürst: Ich herrsche über euch durch Gewalt, dafür aber schließt meine Gewalt jede andere aus; denn ich werde keine andere neben der meinigen dulden, weder die von außen kommende noch im Innern die des einen gegen den anderen: so seid ihr mit der Gewalt abgefunden." [6]

---

[6] zitiert nach: Schopenhauer 1989: 294.

Daraus entwickelte sich das Königtum und an seine Stelle ist die positive Instanz des Landesvaters getreten. Mit ihm ist der König zu einem festen und unerschütterlichen Pfeiler geworden, auf dem die ganze gesetzliche Ordnung ruht und die Rechte aller sich stützen und bestehen. Diese Position kann aber nur der innehaben, welcher das angeborene Vorrecht auf diesen Titel hat. Niemand kann ihm dadurch seine Autorität streitig machen und jeder gehorcht ihr instinktiv. Damit ist er die nützlichste Person im Staat und bekommt dadurch auch gerechtfertigt, einen hohen Anteil der Staatseinnahmen (Schopenhauer 1989: 293-295).

Was die Staatform betrifft, bevorzugt Schopenhauer also die Monarchie. Für ihn muss in jedem Bereich menschlichen Zusammenlebens und –arbeitens ein Wille der leitende sein. Hiermit folgt er ebenfalls der Staatstheorie von Hobbes, womit er eine ausgesprochen reaktionäre Position vertritt (Korfmacher 1994: 134).

Schopenhauer hält aber auch fest, dass wenn die Ungerechtigkeit der Herrschaft ihren Nutzen für das Gemeinwohl überwiegt, es stets zu Revolutionen kommen werde. Ist die physische Gewalt der Herrschaft nicht mit guten Absichten gepaart, so kommt es mit dem allmählichen Anwachsen der Intelligenz der Massen zu Tage und die Menschen werden sich gegen die ungerechte Herrschaft erheben. Gerechtigkeit und gute Absichten des Königs müssen also vorhanden sein und offen dargelegt werden. Der Monarch muss sich der öffentlichen Kontrolle und Rechenschaft durch eine Legislative unterwerfen. Dabei gilt es aber zu vermeiden, dass durch die so entstandene Beteiligung mehrerer an der Macht keine Republik entsteht. Eine Republik ist für ihn ein Experiment und eine künstliche Verfassung. Eine vortreffliche Sache für andere Wesen, als es die Menschen sind. An die Stelle des Vorrechts der Geburt und der Landesreligion dürfen nicht die, der persönlichen Werte und der Resultate der Vernunftforschung treten. Ein abschreckendes Beispiel ist für ihn die USA, wo als herrschende Gesinnung der niedere Utilitarismus, neben seiner Gefährtin, der Unwissenheit herrscht. Auch die Sklaverei und die mitunter offene Verhöhnung des Rechts und der Gesetze sieht er als warnendes Menetekel dafür, dass Republiken etwas Widernatürliches darstellen. Republiken sind leicht zu errichten, hingegen aber schwer zu erhalten, für Monarchien gilt gerade das Umgekehrte (Schopenhauer 1989: 296-302).

Als Utopie käme für Schopenhauer, nur eine Republik der Weisen und Edlen in Form einer Aristokratie in Frage. Erzielt auf dem Wege der Generationen, durch Vermählung der edelmütigsten Männer mit den klügsten Frauen. Das ist sein Vorschlag einer utopischen

18

Republik nach dem Zuschnitt des griechischen Philosophen Platon (427-347 v.Ch.) (Schopenhauer 1989: 303).

Für ihn haben die konstitutionellen Könige:

„[...] eine unleugbare Ähnlichkeit mit den Göttern des Epikuros, als welche, ohne sich in menschliche Angelegenheiten zu mischen, in ungestörter Seeligkeit und Gemütsruhe da oben in ihrem Himmel sitzen.“ [7]

Dass die Bestimmung des Menschen im Staat aufgehe, lehnt er allerdings ab. Jegliche Staatverehrung ist ihm fremd. Dem Staat außer dem Zweck des Schutzes noch andere Zwecke zuzuschreiben, würde die wahre Intension gefährden (Korfmacher 1994: 131).

4. Berührungspunkte zwischen Nozick und Schopenhauer

Bezug nehmend auf die These Bökenkamps, kann nun festgehalten werden, dass beide Philosophen nach heutigen Ansichten als Ultraminimalstaatler zu sehen sind. Beide sprechen sich für einen Staat aus, der als bloße Schutzanstalt die Menschen vor Übergriffen gegeneinander und von Außen zu schützen hat. Dieser Staat hat für beide keine andere Funktion und alles, was er darüber hinaus tut, ist unmoralisch und abzulehnen. Nozick und auch Schopenhauer, wählen bei ihren Startbetrachtungen den Naturzustand als Richtschnur und moralischen Ausgangspunkt, für eine Legitimation des Staates. Er soll das Leben, die Freiheit und auch den Besitz der Bevölkerung schützen und sich in die alltäglichen Belange der Menschen nicht einmischen.

Soziale Gerechtigkeit oder einen Wohlfahrtsstaat lehnen beide ab, obwohl sie unterschiedliche Begründungen dafür zu Felde führen. Während Nozick sagt, eine Umverteilung von Gütern verletze die Eigentumsrechte des Menschen, argumentiert Schopenhauer, dass soziale Ungerechtigkeit wohl im Leid des menschlichen Daseins seine Berechtigung findet. Weiterhin ist bei beiden der Staat im Besitz des Gewaltmonopols und gibt den Bürgern die Möglichkeit und die Mittel ihr Recht durchzusetzen. Bei ihrer Staatsableitung weisen sie ebenfalls Gemeinsamkeiten auf. Konflikte und Streitigkeiten der Menschen untereinander, führen zu einer Staatsbildung. Haben diese Konflikte bei Nozick jedoch die rationale Natur der Menschen zur Ursache, sind es bei Schopenhauer der menschliche Egoismus und der Trieb, der einen Staat notwendig macht. So entwickelt sich der Staat bei Nozick automatisch, durch den Prozess der unsichtbaren Hand. Schopenhauer hingegen sieht keine andere

---

[7] zitiert nach: Schopenhauer 1989: 303.

Möglichkeit, als die Menschen unter der Herrschaft eines Souveräns zu stellen, um sie vor sich selbst zu schützen.

Hier liegt auch der größte Unterschied zwischen den beiden Philosophen. Es ist die grundverschiedene Ansicht des menschlichen Charakters. Nozick vertritt ein durchaus positives Menschenbild, Schopenhauer dagegen ein zutiefst negatives. Nozick, da er das Lockeanische Menschenbild übernimmt, glaubt an die Vernunft der Menschen, wobei er allerdings offen lässt, ob sie von Gott gegeben ist. Er denkt, dass die Menschen in den meisten Fällen moralisch richtig handeln, da ihr Wohlergehen vom Wohlergehen der anderen beeinflusst wird. Sie werden rational die beste Entscheidung treffen und somit vernünftig handeln. Schopenhauer hingegen sieht die Sache viel pessimistischer. Der Mensch ist für ihn nicht sein eigener Herr. Der hinter allem stehende Wille steuert ihn und selbst wenn es ihm bewusst wird, muss er sich seinem Wirken beugen und diese Tatsache akzeptieren. Hobbes Ansicht über die Menschen im Naturzustand und die daraus resultierende Legitimation eines Monarchen kommt hier stellvertretend für Schopenhauer in Frage. Die Vernunft bei Nozick steht also im Konflikt mit dem Willen bei Schopenhauer.

Dieses komplett konträre Menschenbild führt auch zu einer vollkommen gegensätzlichen Ansicht darüber, wie die Staatform auszusehen hat. Nozick selbst favorisiert keine spezielle Regierungsform. Für ihn ist sein Minimalstaat nur der Rahmen, für eine Utopie eines guten und gerechten Staates. Schopenhauer dagegen prädestiniert die Monarchie als einzige Staatsform, die es möglich macht ein Auskommen zwischen den Individuen zu ermöglichen. Sie ist der leitende Wille des Zusammenlebens und aus den Naturgesetzen abgeleitet. Er lehnt jede andere Staatform (besonders die Republik) ab, da sonst ein friedliches Zusammenleben der Menschen nicht möglich ist. Als Utopie ist nur eine Republik nach dem Zuschnitt Platons denkbar.

Schopenhauer hält die Anarchie des Naturzustandes, anders als Nozick, für sehr gefährlich und seine Argumente für die Rechtfertigung eines Staates gegenüber einem Anarchisten wären von ganz anderer Natur.

Nozick behält sich auch vor, dem Menschen einen freien Willen zu unterstellen, mit dem sie sich für ihre bevorzugte Staatsform entscheiden könnten. Dieser freie Wille existiert bei Schopenhauer nicht und somit muss der Mensch quasi, von einer autoritären Herrschaftsform geleitet werden.

Ein Minimalstaat, wie Nozick ihn sich vorstellt ist für Schopenhauer in der damaligen Zeit wohl noch nicht denkbar gewesen, da der Entschädigungsgrundsatz und die unternehmensgleiche Staatsausrichtung so gar nicht in sein Konzept passen. Daher geht Böken-kamp wohl bewusst nur bis zum Ultraminimalstaat als Bezugspunkt zwischen Schopen-hauer und Nozick. Doch trotz dieser Unterschiede, ist das Schlüsselzitat von Bökenkamp, als These nicht zu verwerfen. Beide Denker weisen eine Menge Berührungspunkte in Be-zug auf die Ansicht, wie sie in das Schema eines Ultraminimalstaates passen, auf. Dabei ist davon auszugehen, dass mit diesem Ultraminimalstaat derjenige gemeint ist, den Nozick auch dafür hält. Nur in solchem würden sich die Denkweisen treffen und auch Berüh-rungspunkte aufweisen. Wenn sie nicht die unterschiedlichen Ansichten über das Men-schenbild und die Staatsform hätten, könnte man sie sogar noch näher zusammenbringen.

Nozick hält seinen Minimalstaat, der sich ja logischerweise aus dem Ultraminimalstaat entwickelt und wie ein privates Unternehmen funktioniert, für die optimalste und gerech-teste Staatsform. Nur dort sind die natürlichen Grundrechte der Menschen am besten ge-schützt. Für Schopenhauer ist der Ultraminimalstaat die Monarchie, ohne wenn und aber.

Fazit und Ausblick

In dieser Arbeit wurde den Fragen nachgegangen, ob es zwischen Robert Nozicks und Arthur Schopenhauers Ansichten von Staatlichkeit Berührungspunkte gibt und wo sich diese ausmachen lassen. Als Bezugsthese gilt die vom Politologen Gérard Bökenkamp aufgestellte Behauptung, dass beide nach heutigen Kriterien Ultraminimalstaatler sind.

Zur Untersuchung wurden die Bücher *Anarchie, Staat, Utopia* von Nozick und *Parerga und Paralipomena* von Schopenhauer herangezogen. Aus ihnen wurde die jeweilige An-sicht entnommen, welche Position sie zum Staatsbegriff vertreten und wie sie sich einen Ultraminimalstaat vorstellen könnten. Beide Ansichten wurden gegenübergestellt und mit-einander verglichen. Mit dem Ergebnis, dass es durchaus Berührungspunkte gibt und beide nach den heutigen Kriterien als Ultraminimalstaatler zu bezeichnen sind. Ihre auffälligsten Unterschiede liegen jedoch in ihrem vollkommen verschiedenen Menschenbild und in ihrer bevorzugten Form, die ein Staat haben sollte.

Nichts desto trotz kann man Nozicks libertäre Ansicht und Schopenhauers düster liberale Ansicht[8] miteinander in Verbindung bringen, da Schopenhauer durchaus eine liberale An-sicht vertritt, was sich in seinem Zuspruch für eine Gewaltenteilung im Staat und seiner ablehnenden Haltung zur Einmischung des Staates in die Angelegenheiten der Bürger aus-

---

[8] entnommen aus: http://ef-magazin.de/2010/09/23/2563-hegels-grosser-antipode-arthur-schopenhauer--der-duestere-liberale, (Abfrage am: 22.02.2011).

drückt. Maßgeblich hierfür ist vielleicht der Einfluss von Immanuel Kant auf seine Philosophie zu erwähnen. Das deutlichste Zeichen der Nähe zwischen Nozick und Schopenhauer stellt aber die Forderung dar, dass der Staat nur eine bloße Schutzanstalt zu sein hat, welche die Menschen voreinander und nach Außen schützt.

Interessant wäre es, den Weg nachzuzeichnen den Schopenhauer gehen würde um einen Minimalstaat, wie Nozick ihn beschreibt, zu rechtfertigen. Der Schlüssel könnte hier vielleicht das Mitleid sein, für das Schopenhauer sich, als Form der Willensverneinung, explizit ausspricht. Durch Mitleid könnten die Menschen, die außerhalb der Staatlichkeit stehen in diesen Staat integriert werden. Es müsste aber hier eine andere Form des Entschädigungsgrundsatzes gefunden werden, denn Nozicks radikal ökonomische und Schopenhauers zutiefst pessimistische Sichtweise sind zu verschieden, als dass sich eine Entwicklung hin zum Minimalstaat deckungsgleich entwickeln würde.

Literaturverzeichnis

- Birnbacher, Dieter 2009: Schopenhauer, Stuttgart.

- Euchner, Walter 2007: John Locke (1632- 1704), in: Hans Maier und Horst Denzer (Hrsg.), Klassiker der politischen Denkens 2. Von Locke bis Max Weber, 3. Auflage, München, S. 15-30.

- Kersting, Wolfgang 1994: Die politische Philosophie des Gesellschaftsvertrages, Darmstadt.

- Kersting, Wolfgang 2002: Thomas Hobbes zur Einführung, 2. Auflage, Hamburg.

- Kley, Roland 1989: Vertragstheorien der Gerechtigkeit. Eine philosophische Auseinandersetzung der Theorien von John Rawls, Robert Nozick und James Buchanan, Stuttgart.

- Knoll, Bodo 2008: Der Minimalstaat. Eine Auseinandersetzung mit Robert Nozicks Argumenten, Tübingen.

- Koller, Peter 1987: Neue Theorien des Sozialkontrakts, Berlin.

- Korfmacher, Wolfgang 1994: Schopenhauer zur Einführung, Hamburg.

- Niesen, Peter 2009: Die politische Theorie des Libertarianismus: Robert Nozick und Friedrich A. von Hayek, in: André Brodocz und Gary S. Schaal (Hrsg.), Politische Theorien der Gegenwart I. Eine Einführung, 3. Auflage, Regensburg, S. 70-105.

- Nozick, Robert 2006: Anarchie, Staat, Utopia, München.

- Schopenhauer, Arthur 1989: Parerga und Paralipomena. Kleine philosophische Schriften I, Darmstadt.

- Schopenhauer, Arthur 1989: Parerga und Paralipomena. Kleine philosophische Schriften II, Darmstadt.

- Spierling, Volker 2002: Arthur Schopenhauer zur Einführung, Hamburg.

- Weimer, Wolfgang 1982: Schopenhauer, Darmstadt.

- Wergen, Rainer 1984: Naturzustand und Staat bei Thomas Hobbes, Bonn.

- Zimmer, Robert 2010: Arthur Schopenhauer. Ein philosophischer Weltbürger, München.

Internetquellen

http://ef-magazin.de/2010/09/23/2563-hegels-grosser-antipode-arthur-schopenhauer--der-duestere-liberale